AF232529

DISCOURS

PRONONCEZ

EN L'ACADEMIE

FRANCOISE DE

VILLEFRANCHE

EN BEAUJOLLOIS,

A la Reception de Monsieur CHASSEBRAS DE CRAMAILLES, à son retour d'Italie, en l'année 1688.

A PARIS,

De l'Imprimerie de JEAN CUSSON, ruë saint Jaques, à l'Image de saint Jean Baptiste.

M. DC. LXXXIX.

AVEC PERMISSION.

DISCOURS

DE MONSIEUR
CHASSEBRAS DE CRAMAILLES.

MESSIEURS,

Quand je confidere le rang où vous venez de m'é-
lever, & la place avantageufe que je tiens de votre
generofité, je fuis étonné de la hardieffe que j'ay
euë d'accepter ces marques de bienveillance dont
vous m'honorez.

Vous n'avés confulté que votre inclination bien-
faifante quand vous m'avez admis dans votre illuftre Compagnie : mais cela ne m'empêche pas de
voir tout l'éclat qui l'environne ; & connoiffant ma
foibleffe, j'ay fujet d'apprehender d'eftre ébloüi de
vos lumieres, pour avoir voulu m'en approcher de
trop prés.

Je vous avoüe, MESSIEURS, qu'ayant toûjours eu une affection particuliere pour les Belles

A.

Lettres, je vous ai regardé comme des modeles parfaits que je devois suivre; & j'ai connu qu'il falloit venir en ce lieu pour apprendre la vertu & l'éloquence, & que votre celebre Academie estoit la source où l'on pouvoit puiser sûrement ce qu'il y a de plus pur & de plus poli dans notre langue. Je sçavois bien que vous rendiez justice au merite : Cependant je n'osois me promettre que vous dussiez couronner si genereusement mes desirs & mes intentions.

En effet, ne sont-ce pas là des marques d'une bonté toute particuliere ? Vous me recevez au nombre de vos illustres confreres, dans le tems que je m'adresse à vous comme à mes Maistres. Vous me faites joüir des fruits & des avantages de la victoire, avant que d'avoir combattu. Et vous me placez dans le temple de la gloire quand je n'osois presque y aborder.

Ouy, Messieurs, vostre Academie se peut appeller le Temple de la Gloire. De quel côté qu'on la considere, l'on n'y voit rien que de merveilleux.

Son institution est des plus nobles : Elle est établie non seulement pour la pureté de la langue, & pour celle des mœurs; mais encore pour éterniser les actions glorieuses du plus grand Monarque de l'Univers. Vous, Messieurs, qui formez cette Compagnie, vous en soûtenez admirablement l'éclat : On vous a choisis parmi les plus beaux esprits du siecle. Et votre digne Protecteur acheve de lui donner le brillant : Il attire le respect & l'admiration de tout le monde.

Aussi

Aussi, Messieurs, falloit il des sujets de votre merite pour la rendre si fameuse. Le Public re-
garde vos belles productions comme autant de tre-
sors, dont vous avez fait une nouvelle découverte.
Vos Poësies ont cet avantage qu'elles plaisent &
qu'elles instruisent. On y remarque un feu divin,
qui penetre jusqu'au fond de l'ame. On trouve
dans vos maniéres d'écrire la justesse des sentimens,
des expressions claires & brillantes, un stile noble &
relevé, & generalement tout ce qui donne de la gra-
ce & de la beauté aux ouvrages. Mais ce que l'on
admire encore plus, c'est l'adresse que vous avez de
donner un tour galant aux sujets les plus serieux.

Je me trouve agreablement engagé à parler ici
de votre illustre Protecteur, qui soutient si dignement la grandeur de son caractere. Son sçavoir, sa
prudence & sa conduite l'ont rendu digne des grands
emplois dont Sa Majesté l'a honoré. Quand il n'au-
roit pas toutes les qualités qui font un grand Pre-
lat, son nom seul feroit son éloge.

Il est d'une Maison qui a fourni à l'Etat plusieurs
sujets de remarque, qui ont été toûjours fideles à
leur Prince, & qui ont donné des preuves de leur
courage dans toutes les occasions. François I. & les
autres Rois ses Successeurs ont reconnu en ces grands
hommes un esprit si desinteressé, & un attachement
si fort au service de la Couronne, qu'ils leur ont con-
fié les affaires du Royaume les plus importantes, &
les ont honorez des principales charges, & des plus
hautes dignitez.

Il estoit à propos que des genies aussi rares que les

vôtres, MESSIEURS, fuſſent unis à un Protecteur
ſi accompli, pour inſtruire la Renommée des exploits glorieux de LOUIS LE GRAND. Comme
tout ce qu'il fait eſt au deſſus du merite des Heros que
l'Hiſtoire nous vante, il falloit auſſi des perſonnes au
deſſus du commun, pour tranſmettre à la Poſterité
par leurs écrits les faits ſurprenans de ce Grand Prince. Toute ſa vie eſt un tiſſu de merveilles, qui con-
fond ſes ennemis, & qui les met dans la derniere ſur-
priſe. Ils s'étonnent de le voir marcher tranquille-
ment dans des endroits perilleux, malgré la rigueur
des ſaiſons les plus fâcheuſes. Ils ne peuvent com-
prendre que les Nations les plus éloignées traverſent
les mers pour venir rendre les hommages & les ſou-
miſſions duës à ſa Grandeur Suprême, & à ſon Au-
guſte Majeſté. Et ils voyent avec envie que tous les
Souverains unis enſemble ont eſté obligez de lui ce-
der, & de le reconnoître pour l'Arbitre de la Paix
& de la Guerre. Ils ne doivent point eſtre ſurpris de
ces prodiges. Sa prudence & ſa juſtice attirent la
benediction du Ciel ſur ſon Royaume & ſur ſa Per-
ſonne Sacrée; & tous les Peuples de la Terre con-
noiſſans la douceur de ſon Regne, ne cherchent qu'à
lui eſtre ſoumis, & à vivre ſous ſes loix. Ses Sujets
le cheriſſent & le reverent, parce qu'il a gagné leur
cœur, & qu'il ne cherche qu'à procurer leur felicité.
Les Gens de Lettres & les Sçavans abandonnent leur
Patrie pour le venir chercher, parce qu'il eſt le Protecteur des Sciences & des Arts. Les Catholiques le
regardent comme le Soûtien de la Religion, parce
qu'il leur donne ſa protection, & qu'il détruit l'hereſie,

Je ne puis finir ce Difcours, MESSIEURS, fans regretter la perte de cet Academicien fi zelé, dont j'ai l'honneur d'occuper la place. Il eftoit confiderable par fon érudition autant que par fa fageffe & par fa pieté, qui font des vertus hereditaires dans fa famille. Son affabilité & fa probité le faifoient rechercher de toutes les perfonnes de merite, & l'on peut dire, fans le flater, qu'il vivoit dans le monde felon l'efprit de Dieu.

A prefent, MESSIEURS, comment vous témoigner ma reconnoiffance pour tant de graces que vous m'avez faites ? Je n'ai pas de termes affez forts, ni proportionnez à la grandeur du bienfait que j'ai reçu; Mais j'efpere que vous recevrez en revanche un cœur entiérement foumis, & que vous imiterez la conduite de ce Roi de Perfe, qui difoit, qu'il n'eftoit pas moins genereux aux ames bien nées de recevoir de petits prefens, que d'en faire de grands.

Monfieur de la Barmondiere de S. Fonds, Frere de M. le Curé de faint Sulpice à Paris.

REPONSE

DE MONSIEUR

DE LA ROCHE-PONCIE',

DIRECTEUR DE L'ACADEMIE.

Monsieur,

La qualité de Directeur, que le sort m'a fait avoir depuis peu dans notre Academie, mêle avec le plaisir & l'honneur qu'elle me procure, beaucoup de défiance & d'apprehension. En effet, comme dés les premiers pas de mon emploi je me trouve obligé de répondre à votre Discours, je me sens si foible pour le faire dignement, que j'ai tout sujet d'en craindre le succés. Votre Piéce est si belle & si forte, que j'aurai peine à rencontrer des ornemens & des pensées qui lui soient proportionnées ; & le peu de lumieres que j'ai va sans doute cesser par l'éclat surprenant des vôtres.

Quand notre Compagnie, Monsieur, a voulu vous donner des Lettres, elle n'a pas couronné des

desirs

defirs & des intentions , comme vous dites , mais en
vous rendant juftice elle a couronné le vrai merite
qui éclate depuis fi long temps dans votre ancienne
Maifon ; & elle ne vous fait joüir des fruits de la Victoire , pour me fervir du nom que vous donnez à fes
prefens , qu'aprés de longs travaux. Elle ne vous place dans le Temple de la Gloire , qu'aprés que votre
vertu s'en eft fait l'ouverture.

Il eft vrai que notre Inftitution n'eft pas des moins
nobles , puis que notre Academie eft établie non feu-
lement pour la pureté de la Langue , & pour celle des
mœurs , mais encore pour facrifier fes veilles & fes
plus grandes occupations à immortalifer la gloire du
plus grand Roi de la Terre ; & nous reconnoiffons
qu'une fi haute entreprife feroit d'un poids fous le-
quel nous fuccomberions , fi nous n'eftions foûtenus
par la force de notre incomparable Protecteur , dont
le genie fi rare & fi relevé peut par un feul de fes raions
communiquer les qualitez neceffaires à la Compagnie
dont il eft le Chef , pour la conduite d'un fi beau def-
fein. En effet fa penetration accompagnée de tant
de vertus Morales , Politiques & Chretiennes , & fou-
tenuë d'une fi longue experience , l'ont rendu digne
des plus grands emplois de l'Eftat & de la Religion.
Son Illuftre Maifon toujours fidele à nos Princes , en
a affermi la tranquillité & le rétabliffement dans le
fiecle où les revolutions fembloient tout renverfer.

Nous avions befoin de cet appui pour ofer entre-
prendre de publier les exploits glorieux du Heros qui
efface toute la gloire de ceux que l'Hiftoire a fi fort
elevez , du Heros qui n'a point d'égal parmi les hom-

mes vivans , du Heros enfin auquel les plus grands Princes de la terre envoyent faire des hommages , & que les Nations des Climats les plus reculez viennent voir avec admiration. Mais nous avons befoin d'un Academicien côme vous , Monsieur , qui par fes curieufes & fçavantes Relations nous fait voir les divers Païs & les differens Peuples fur lefquels ont regné les Cefars & les Alexandres , pour découvrir en mefme temps leur abbaiffement par une reflexion avantageufe de LOUIS LE GRAND , & pour connoitre par la difference de leur domination & de celle de notre Prince , l'avantage que nous avons fur les Nations aufquelles les Heros de l'antiquité ont commandé.

C'eft par ce genre fingulier d'écrire qu'une Plume comme la vôtre fera voir le nom de notre Compagnie par toute l'Europe. Ce font les avantages que nous commençons à tirer de votre talent par la communication de vos lumieres , fuivant le fens de notre Devife. Et c'eft une grande confolation pour Elle , que la Place de Monfieur de la Barmondiere de Saint Fonds , homme de naiffance , d'une folide fcience , & d'une pieté exemplaire , foit remplie par une Perfonne qui lui fuccede avec tant de belles qualitez , que nous n'avons qu'à faire des vœux pour vous poffeder plus long temps pour le foûtien de notre Société , & pour la gloire des Lettres.

La Devife de l'Academie eft une Rofe de Diamans , avec ces mots : *Mu. tuo clarefci. mus igne.*

Permis d'imprimer. Fait ce 26. Mars 1689.

DE LA REYNIE.